AF312315

NOTICE

SUR

M. CHIBOURG,

Docteur Agrégé de la faculté de Médecine et ancien Recteur de l'Université de Caen ; Professeur de Clinique, Médecin en chef des Hospices, Membre du Conseil Municipal, du Collége Electoral d'arrondissement, de l'Académie des Sciences, Arts et Belles-Lettres, de la Société libre de Médecine, de celle d'encouragement pour l'Industrie nationale ; correspondant de la Société de Médecine de Paris ; Membre de la Société d'Agriculture et de Commerce de Caen, etc.

Par P. B. THIERRY, FILS,

Pharmacien, Membre de la Société d'Agriculture et de Commerce de Caen, associé de l'Académie des Sciences, Arts et Belles-Lettres de la même ville, et correspondant de la Société des Amateurs des Sciences Physiques et naturelles de Paris ;

A CAEN,

Chez F. POISSON, Imprimeur de la Société, rue Froiderue,

1807.

NOTICE

SUR

M. CHIBOURG,

Lue dans la Séance de la Société d'Agriculture et de Commerce, du 16 avril 1807, imprimée par ordre de la Société.

> . . . . . *Nec Pietas moram*
> *rugis, et instanti senectæ*
> *afferet, indomitæque morti!*
>
> HORAT. *Ode* XI, *lib.* II.

Si l'homme qui fut recommandable par la force de son génie et l'étendue de ses connoissances, a droit après sa mort aux hommages publics, que ne doit-on pas à celui qui a joint aux titres du savoir ceux de bon citoyen ! Ses vertus nous imposent des obligations d'autant plus sacrées, qu'en développant le tableau de sa vie,

(4)

non-seulement on lui paye un tribut mérité, mais encore on expose de précieux exemples. Vous m'avez chargé, Messieurs, de remplir aujourd'hui cette tâche honorable : je ne l'aurois pas entreprise, si je n'avois considéré que mes forces ; mais je me suis laissé entraîner par le sentiment qui me lioit au respectable collègue que nous pleurons ; j'ai compté de plus sur votre indulgence, et j'ai osé me rendre votre interprète.

Né trop tard pour avoir suivi notre vénérable Doyen dans sa longue carrière, je n'ai su l'apprécier que dans ses dernières années. Je n'aurois donc pu réunir seul les traits de sa vie. J'ai eu recours aux amis de sa jeunesse, à ses anciens collègues ; j'ai consulté l'opinion publique, et des fleurs que j'ai recueillies, j'ai formé la couronne que déposent sur sa tombe le respect, l'amitié et la reconnoissance.

Joseph-Pierre Chibourg, docteur agrégé de la faculté de médecine et ancien Recteur de l'Université de Caen, professeur de clinique, médecin en chef des hospices, membre du conseil municipal, du collège électoral d'arrondissement, de l'académie des sciences, arts et belles lettres, de la société libre de médecine, de celle d'encouragement pour l'industrie nationale, correspondant de la société de médecine de Paris, membre de la société d'agriculture et de commerce de Caen, nâquit dans cette ville, le 9 juillet 1725.

Ses parens durent au travail et à une sage économie l'aisance dont ils jouirent. Deux enfans chéris leur promettoient des jours de plus en plus fortunés ; mais il fallut renoncer à la moitié de ce bonheur : la mort enlève leur fille au printemps de la vie, et leur fils devient l'unique objet de leurs soins et de leur tendresse.

Heureux l'enfant qui n'a devant les yeux que l'exemple du bien, et à qui par-là , on inspire les devoirs plutôt qu'on ne les commande ! Les dignes parens de M. Chibourg prennent tout-à-la-fois le plus grand soin de former son cœur et d'orner son esprit. Ils sont pénétrés de cette vérité, que le savoir sans la vertu est un présent funeste : et en réunissant deux éducations, qu'on ne devroit jamais séparer , dont l'une est la sauve-garde et l'appui de l'autre et qui se prêtent mutuellement des charmes , ils développent les heureux germes qui doivent faire naître dans M. Chibourg la piété filiale, ces sentimens généreux , cette délicatesse, cette douceur, ce tact fin et ce goût épuré qui le caractérisèrent et répandirent sur une vaste et profonde érudition, le précieux coloris de l'urbanité.

Quoiqu'il fût d'une santé délicate, on apperçut en lui une telle ardeur pour apprendre , et tant de facilité pour saisir ce qui étoit même au-dessus de son âge , qu'on n'opposa point d'obstacles à son avidité pour s'instruire. Il commença de fort bonne heure ses études au collège du Bois ; il les fit avec un succès remarquable.

Des dispositions plus qu'ordinaires , son aménité, sa politesse, lui attirèrent la bienveillance et l'amitié de tous ses Maîtres. Les Turpin , les Leguay qui furent ses professeurs de rhétorique et de philosophie , lui donnèrent des marques particulières de leur considération, en l'admettant dans leurs conférences littéraires. De-là nâquit l'intimité qui s'établit depuis entre eux et M. Chibourg , et qui fut recherchée et partagée par les hommes de lettres les plus recommandables de Caen.

Dans ses classes il remporta presque toujours les premiers prix. Il parut dans beaucoup d'actes publics , avec une rare distinction ; dans les fêtes de l'Université, il fut toujours choisi pour prononcer les harangues dont on avoit coutume de charger les élèves qui montroient le plus de talent. Ses condisciples ne voyoient point avec peine cette distinction flatteuse. Loin d'éprouver une jalousie souvent voisine de la haine, tous en l'aimant lui rendoient hommage. C'est que chez lui la supériorité étoit tempérée par une extrême modestie. Lorsqu'on a un bon cœur, on peut aimer à briller, mais jamais à humilier ; d'ailleurs le vrai mérite a son lustre avec lui, et n'emprunte pas son éclat de la comparaison.

Presque immédiatement après ses humanités, il reçut le titre de Maître-ès-arts. On lui fit subir auparavant un examen sur la philosophie, et expliquer quelques auteurs latins, moins pour se convaincre de ses talens, qui étoient déjà si connus des Docteurs de la faculté, que pour ne pas déroger aux statuts.

En 1744, d'après les conseils de M. Angot, célèbre médecin clinique, il commença l'étude de la médecine. L'accueil qu'il reçut de MM. Desmortreux, Ribout des Pins, et de tous les professeurs, étoit une preuve de la haute opinion qu'on avoit de lui, et le présage des succès qu'il obtiendroit dans cette nouvelle carrière. M. Ribout des Pins le distingua tellement, qu'il en fit son *Prévôt* : il lui confia souvent la visite des hospices dont il étoit le médecin en chef.

[8]

Les progrès de M. Chibourg dans l'art de guérir, furent rapides et soutenus; mais ce genre d'é-
tude n'altéra point en lui le goût que les belles lettres lui avoient inspiré. Il sut associer les charmes
de l'esprit et du sentiment, aux recherches scru-
puleuses des sciences d'observation. Il en ré-
sulta pour lui ce double avantage, de rendre
moins aride le chemin de la vérité, et de joindre
au brillant de l'imagination une plus grande so-
lidité de jugement.

Lorsqu'il se presenta pour prendre des dégrés,
le style pur et élégant de ses thèses, la facilité et
la force de raisonnement qu'il developpa dans ses
réponses, lui attirèrent de nouveaux suffrages. Sa
thèse de licencié, qui avoit pour titre : *An cho-
reæ et musica salubres?* dans laquelle il con-
clud pour l'affirmative, fut singulièrement goûtée
par l'agrément du sujet et la délicatesse des ima-
ges. Cette thèse fut bientôt suivie de celle qui devoit le mettre au rang des Docteurs. Dans la
même séance, il reçut ce titre et celui d'agrégé à
l'Université, après avoir surmonté d'une manière
supérieure les difficultés du double examen.

Devenu membre de l'Université M. Chibourg
ne se laisse pas éblouir. L'expérience lui avoit
montré que plus on s'élève, plus s'éloignent les

bornes du savoir. Avide d'étendre de plus en plus ses connoissances , il résolut d'aller à Paris acquérir de nouvelles lumières. Mais là il parut sur un théâtre où sa réputation l'avoit précédé. S'il avoit le desir ardent de pénétrer plus loin dans la science , les Professeurs dont il alloit écouter les leçons , connoissant déjà son mérite , ne desiroient pas moins contracter avec M. Chibourg une nouvelle ou plus intime liaison. C'est ainsi que , par la multiplicité des faces que les sciences présentent, et la variété infinie des idées qu'elles font naître , ceux qui les cultivent et même en occupent les plus hauts degrès , peuvent s'apprendre réciproquement des faits qu'ils ignoroient, se communiquer des réflexions qu'ils n'avoient pas faites , et s'instruire mutuellement.

Pendant que M. Chibourg habite la capitale , il resserre plus fortement des liens que la correspondance avoit déjà établis entre lui et plusieurs hommes célèbres. L'illustre Antoine Petit lui donna particulièrement des marques d'une considération qui suffiroit pour assigner à notre collègue une place distinguée dans la médecine ; car ce savant , doué d'une extrême pénétration d'esprit , l'un des plus grands médecins de son siècle , et naturellement brusque , sur-tout en fait de scien-

ce, n'étoit pas indulgent ni prodigue de son es-
time : aussi son témoignage n'étoit jamais sus-
pect, et son approbation passoit toujours pour
un brevet irrécusable de grand mérite. Voici comme il s'exprime à l'égard de M. Chibourg, dans
un ouvrage qu'il lui dédia en 1766 [1] : « Je sens
» aussi vivement qu'il est possible le prix de vo-
» tre amitié. Je me glorifie, aux yeux de mes con-
» temporains, de ce que vous me l'avez accor-
» dée. Vous avez la mienne toute entière. C'est
» pour vous en donner un témoignage public,
» que je vous consacre cet ouvrage. Votre esprit
» et votre savoir vous ont rendu juge compétent
» dans la matière que j'ai traitée. Daignez agréer
» le présent que je vous fais. Puissent ceux qui
» vous connoissent le trouver digne de vous. »

Si cet hommage montre le cas que M. Petit
faisoit des connoissances de M. Chibourg, il
prouve également qu'il sut apprécier les grandes
qualités qui rendoient si cher le don de son
amitié.

Ils eurent pendant long-temps une correspondance suivie. Elle n'eût été interrompue que

---

[1] Recueil de pièces concernant les naiſſances tardives,
par A. PETIT, docteur-régent de la faculte de médecine en l'u-
niverſité de Paris, membre des académies royales des ſcien-
ces de Paris, de Stockolm, etc.

par la mort, si les erreurs funestes de la révolu-
tion, qui ont aveuglé tant d'hommes faits pour
le bien, séparé tant d'amis qui avoient tous la
même droiture de cœur, mais dont les uns virent
plus sagement que les autres, n'étoient venu
empoisonner cette respectable intimité. M. Chibourg ferme dans des principes qu'il crut justement les meilleurs, pensa que son premier devoir
étoit de n'en point partager de contraires. Lui
et M. Petit ne cessèrent pas de s'estimer ; leur
amitié, sûrement, ne fut pas sacrifiée à la diffé-
rence d'opinion, mais ils cessèrent de s'écrire.

M. Chibourg, pour se rendre au vœu de ses
parens et de ses compatriotes, n'avoit fait qu'un
court séjour à Paris. Revenu dans ses foyers, l'A-
cadémie des belles lettres de Caen l'admit au
nombre de ses membres. Son discours de récep-
tion, où il examine *par quel méchanisme les
fortes affections de l'ame en suspendent les
opérations*, fit sentir encore davantage le mérite de l'acquisition qu'on venoit de faire. Ce
mémoire où se trouvent réunies, et la profon-
deur d'esprit, et une touche infiniment délicate,
est cité avec beaucoup d'éloge par le célèbre
Haller, dans son *Bibliotheca anatomica*. [1]

[1] Vol. 2, p. 498. V. aussi, Mém. de l'ac. des belles lettres
de Caen, année 1754.

Peu de temps après son admission dans l'Académie, une chaire de médecine devient vacante dans l'Université, par la mort de M. Desmortreux. M. Chibourg se met sur les rangs pour la disputer. Les leçons qu'il fit, et dont le sujet étoit fourni par le sort, ne démentirent pas les succès qu'il avoit obtenus quelques années auparavant, en professant pour M. Blot. Il triompha des objections de ses trois célèbres concurrens, et la faculté l'inscrivit premier candidat sur la liste qu'on avoit coutume de présenter au Chancelier de France; mais on vit, avec la plus grande surprise, le choix tomber sur le second candidat, et M. Chibourg n'eut pas la place qu'il avoit méritée.

Il fit voir alors une fermeté digne d'exemple. Il se voyoit déçu de ses plus belles espérances ; car il avoit formé le projet, en occupant une chaire, de consacrer sa vie aux recherches scientifiques et aux belles lettres. Loin de murmurer contre une injustice notoire , il sacrifie courageusement son goût naturel, change tout-à-coup la direction de ses idées, et se destine à la pratique de la médecine. Il fut bien dédommagé de ce sacrifice par la satisfaction qu'on lui en témoigna de toutes parts. On concevoit la grandeur

des services qu'on avoit lieu d'attendre du nouvel emploi qu'il feroit de ses connoissances.
Effectivement, il prouva bientôt que s'il devoit
briller dans la chaire, il possédoit aussi toutes les
qualités d'un excellent Praticien ; et s'il ne fut pas
le successeur de M. Desmortreux dans les écoles, il lui succéda au milieu de ses concitoyens,
par la manière brillante et honorable dont il sut
appliquer la médecine. Vainement il fut sollicité
quelque temps après , à disputer une seconde
chaire. Tout annonçoit, on lui promettoit même
que de cette fois, on seroit juste à son égard ;
mais déjà il s'étoit identifié avec son nouvel
état, et la douce pensée de soulager ceux qui
souffrent, l'attacha davantage que les applaudissemens des écoles.

Aux témoignages flatteurs qu'il recevoit de ses
concitoyens, les chefs de la ville ajoutèrent les
marques de la plus haute considération et de la
confiance la plus absolue. Dès qu'il se présen-
toit une circonstance relative à son art, il étoit
aussitôt appelé et consulté. A la mort de M. Ribout des Pins, la ville le nomma médecin en chef
des hospices. Comme on le prévit dès-lors , il
justifia pleinement un si bon choix, et la rigou-
reuse exactitude qu'il apporta dans cet emploi ,

jusqu'à la fin de sa vie , sert à le caractériser.

Ainsi s'écouloient les années de M. Chibourg , dans des soins aussi nobles qu'utiles. Plus occupé de ses semblables que de sa propre gloire , il acquéroit cependant la plus précieuse. A la vérité, elle ne se montroit pas avec cette pompe qui attire le regard des hommes : on ne la voyoit pas briller au frontispice de nombreux ouvrages. Les monumens de sa gloire étoient plus modestes , mais non moins solides : ils étoient dans les cœurs où la reconnoissance publique les avoit consacrés.

Il jouissoit depuis long – temps du doux contentement qu'ils procurent, lorsque l'Université lui décerna, en 1784 , la dignité de Recteur. Ce fut pendant qu'il en remplit les nobles fonctions, que parut dans tout son jour le mérite dont il étoit doué , et qu'il eut de fréquentes occasions de développer cette éloquence gracieuse et persuasive , qui dans un âge plus jeune , lui avoit attiré de si nombreux applaudissemens. Loin que les graves méditations et les années eussent refroidi son style , elles avoient au contraire perfectionné son goût , et ajouté cette touche qui donne plus de poids aux pensées et embellit les expressions.

Pendant son Rectorat , Louis XVI fit le voyage de Cherbourg. Les premiers Corps de notre vil-

[15]

le devant féliciter le Monarque à son passage,
M. Chibourg, à la tête des facultés, lui présenta
les vœux de l'Université. La dignité de son main-
tien fixa l'attention du Roi et des hommes de
marque qui l'entouroient, et l'accueil qu'il en
reçut, fut le précurseur des grands avantages que
le Roi fit à l'Université. Un édit émané de Ver-
sailles, accorda bientôt à ce corps savant, la pos-
session des biens des jésuites de Caen.

Après cette preuve signalée de bienveillance
de la part de Louis XVI, qui avoit ajouté aux
dotations de Henri VI, roi d'Angleterre, et de
Henri III (1), M. Chibourg sollicita, par l'entre-
mise de M. d'Angivilliers, le portrait du Roi et
l'obtint avec des témoignages honorables. Afin
d'éterniser la munificence du Prince, il proposa
et fit adopter dans l'Université la fondation
d'un prix, qui seroit donné tous les ans le jour
de l'anniversaire de la naissance du Roi, au meil-
leur discours de littérature. Ce prix étoit une
médaille d'or représentant le bienfaiteur. On reconnoît le goût des lettres et le patriotisme de
M. Chibourg dans les deux premières questions

____

(1) *Universitatis Cadomensis commentaria.*

qu'il fit proposer par l'Université, l'une *de re-chercher et assigner les causes de la décadence de l'érudition en France ; l'autre d'exposer quel fut l'état des lettres dans la province de Normandie, avant la fondation de ce corps académique.*

La concession des biens des jésuites, quoique ordonnée par le Roi, exigeoit cependant des démarches actives et suivies pour en obtenir la prompte jouissance. M. Chibourg ne négligea rien de ce qui pouvoit la hâter. L'Université, pour lui en témoigner authentiquement sa reconnoissance, arrêta que son portrait et celui du garde des sceaux de Miroménil, seroient exposés à perpétuité dans sa bibliothèque, comme ayant bien mérité l'un et l'autre des lettres et de la ville de Caen.

M. Chibourg saisit avec empressement toutes les occasions de procurer de nouveaux avantages au Corps dont il étoit le chef. Parmi les bienfaits qui accompagnèrent la dotation de l'Université, on dut à ses soins la création d'une chaire de médecine pratique. L'édit du Roi portoit en même temps que M. Chibourg en seroit le premier professeur. Eh ! qui mieux que lui, par sa longue expérience, pouvoit en remplir les fonctions ?

tions ? Il avoit aussi obtenu de madame de Bel-
sunce, abbesse de Caen , de renoncer aux droits
de son siège abbatial , pour n'élire par la suite
que des membres de l'Université aux bénéfices
dépendans de son abbaye.

Mais ce n'étoit pas seulement dans ses actions
qu'on découvroit le vif intérêt qu'il prenoit à la
gloire de l'Université. Les discours qu'il fit pendant son rectorat , et dont le mérite ne consis-
toit pas uniquement dans une latinité pure et
fleurie , attesteront dans tous les temps le zèle
qui l'animoit. On y voit l'exacte observation des
convenances , et jusques dans les simples convo-
cations académiques , l'empreinte de son esprit
délicat et orné.

Après avoir déposé la pourpre *rectorale* ,
entièrement rendu à ses occupations , il con;
tinua le cours de ses travaux et de ses bienfaits.

Pendant les troubles qui désolèrent la France , les services ni l'âge ne purent le soustraire
à la persécution , et comme tant d'autres il eut
à s'honorer d'avoir été traîné dans les prisons.
Mais sa captivité ne fut pas de longue durée :
l'humanité souffrante le réclamoit ; les pauvres
le redemandoient hautement , et ses persécuteurs

B

même sentoient le vide de son absence. Quoique M. Chibourg fût rendu à la liberté , le sou-
venir continuel et déchirant de ses meilleurs amis
restés dans les fers et sans cesse exposés à perdre
la vie ; le sentiment que lui faisoient éprouver
les horreurs dont notre malheureuse patrie fut le
théâtre, minoient sa santé et la rendoient de plus
en plus chancelante. Cependant il rassemble ses
forces , ranime son courage et redouble de zèle
pour l'humanité. Tandis que le crime épuise ses
efforts , il présente le contraste frappant de la
vertu qui répand indistinctement les bienfaits :
il porte également les secours de son art et à ses
amis et à ses ennemis. Les hôpitaux sur-tout ne
tardèrent pas à s'apercevoir que leur bienfaiteur
leur étoit rendu , et au milieu de ses peines , ce
respectable vieillard eut encore la consolation de
sécher quelques larmes de la douleur et de la
pauvreté.

Mais après ces temps de deuil, la guerre civile
trouve enfin son terme ; le calme renaît ; la religion bannie de nos temples vient retrouver ses
anciens asyles , et les hommes désabusés par leur
triste expérience , apprécient leurs fautes. Une
autorité suprême, qu'on devoit bientôt entourer
de la majesté du trône , est rétablie parmi nous.

Celui qui en est revêtu ranime tout de son regard , et à sa voix , les lettres , les sciences et les
arts reviennent dans une patrie qui leur fut chère.

Ce fut sous de tels auspices que l'académie de
Caen se releva , et que bientôt après la société
d'agriculture et de commerce fut installée par
un savant illustre. (1) L'académie jetant les yeux
sur M. Chibourg , s'empressa de rappeler dans
son sein , l'une de ses anciennes colonnes. La
société d'agriculture et de commerce eut aussi
à s'honorer de compter parmi ses membres un
homme dont les vues libérales étoient si éten-
dues , et qui avoit tant l'amour de son pays.
Celui qui a beaucoup réfléchi , possède des idées
qui appartiennent à toutes les sciences et à tous
les arts : en les considérant indistinctement avec
la même méthode et ce tact que donne le savoir déjà acquis , l'habitude du travail et de la
méditation , il lui suffit d'un regard pour en
apercevoir les généralités ; et placé dans une ré-
gion supérieure , il n'a pas besoin de marcher
dans leurs sentiers pour en reconnoître la direction. Ainsi M. Chibourg , provoquant souvent des discussions intéressantes sur les arts ,

---

(1) M. FOURCROY , conseiller d'état.

le commerce et l'agriculture, y jettoit toujours des idées lumineuses. C'est sur-tout pendant sa présidence qu'il vous a développé, Messieurs, ce mérite transcendant auquel vous avez tous rendu hommage. Quel talent pour poser clairement les questions, et quel esprit d'ordre pour les résumer ! Vous ne pouvez vous rappeler, sans un vif intérêt, le discours qu'il prononça dans votre dernière séance publique, sur le commerce et les moyens d'en favoriser les progrès parmi nous. Hélas ! ce fut la dernière fois que sa voix se fit entendre dans cette enceinte. Il étoit presque octogénaire alors ; la matière étoit neuve pour lui ; cependant avec quel art et quelle énergie n'a-t-il pas su vous la présenter ! On eût dit que toute sa vie il avoit médité sur les principaux ressorts du commerce. Avec quelles couleurs il peint les devoirs attachés à cette noble profession, et qu'on reconnoît bien son ame délicate, à l'indignation que lui inspire un trafic honteux et criminel, fondé sur le malheur des citoyens, et qui finiroit par causer la ruine de l'état, si des lois justement espérées ne devoient bientôt y apporter un frein nécessaire.

Peu de temps auparavant, notre vénérable collègue avoit prononcé un autre discours au milieu de l'académie qu'il présidoit alors. Il y traitoit de la considération accordée aux sciences, aux arts et aux belles lettres. Ce mémoire, où il parcourt d'un vol rapide et savant, l'espace qui nous sépare du siècle de Périclès, donne une nouvelle preuve de la richesse de son érudition, et montre en même temps que son grand âge n'avoit porté aucune atteinte à son étonnante facilité pour exprimer les pensées profondes et les pensées agréables. On y retrouve l'intérêt qu'il manifesta toujours pour son pays natal, dans le soin qu'il met à rassembler tous les traits qui honorent la ville de Caen. L'assemblée qui l'écoutoit lui paya avec transport le tribut de cette considération à laquelle lui-même avoit tant de droits, et dont il venoit de démontrer d'une manière si attachante, l'influence salutaire sur les progrès des lettres.

Pendant tout le cours de sa vie, il sut inspirer ce sentiment. Un savoir profond, une grande réserve, une discrétion à toute épreuve, un esprit orné, embelli par une imagination active, un ensemble aimable le firent rechercher dans tous les temps. On trouvoit en lui l'homme accompli pour la société. Il parloit peu, mais toujours bien, savoit saisir les à-propos et semer avec art dans la conversation cet atticisme qui donne des graces aux moindres choses, et cette fleur de la fine raillerie qui ne blesse personne et qui plaît à tout le monde.

Quoiqu'il fût très-répandu dans les premières maisons de Caen, il se rendoit utile à toutes les classes de la société. Il quittoit un cercle brillant pour se rendre avec empressement dans le réduit obscur de l'indigence. C'est-là qu'il exerça cette générosité qui l'accompagna jusqu'au tombeau. Mais combien de traits sont restés inconnus ! car dans ses actes de bienfaisance, il joignit toujours la discrétion à la délicatesse. Il laissoit auprès du lit d'un pauvre malade, des secours pour subvenir à ses besoins ; et lorsqu'il étoit parti, l'indigent trouvant le bienfait, bénissoit la main qui auroit voulu rester ignorée. Si, à son retour, M. Chibourg recevoit le touchant remerciement de la reconnoissance, il donnoit pour toute réponse, qu'il n'étoit que l'exécuteur des volontés d'une personne généreuse. Il ne se contentoit pas de soulager les maux qu'il pouvoit découvrir, et pour répandre plus de bienfaits, il consultoit encore les ministres de la religion. M. Chibourg étoit essentiellement charitable. C'étoit le soulagement du malheureux

[23]

qu'il cherchoit uniquement , et non l'attention
des hommes. Jamais dans les quêtes publiques
on ne l'a vu faire des aumônes d'une grande va-
leur , tandis que dans le silence et l'obscurité ,
il y consacroit une grande partie de sa for-
tune.

Comme médecin , il réunissoit toutes les qualités précieuses qui contribuent si puissamment
à l'efficacité de l'art de guérir. Au lit du malade , il avoit le serieux de l'attention et non
ce regard sombre qui cherche à tirer des pro-
nostics , et souvent désespère. Il s'appliquoit soigneusement à rassurer l'imagination qui exerce
sur nos maux physiques un pouvoir si marqué :
mais l'art ne paroissoit jamais ; il savoit saisir les
plus foibles nuances ; il laissoit plus à deviner
qu'il ne disoit , et alloit toujours à son but. Il étoit
plutôt ami consolateur que médecin ; car un sentiment irrésistible attache toujours les belles ames
aux malheureux. Si son ministère , obligé de cé-
der à la destruction , devenoit inutile , loin d'a-
néantir , par son attitude et ses regards inquiets ,
un reste d'espoir , il inspiroit encore cette douce
illusion , et y mêlant les sentimens religieux dont
il étoit pénétré , il rendoit moins terribles les
approches de la mort.

M. Chibourg basoit toujours sur l'observation , la pratique de la médecine. Il reconnoissoit les dangers de ces théories séduisantes et funestes qui causent quelquefois des ravages irréparables. Il pensoit que, sur-tout quand il s'agit des êtres organisés , il faut se mettre en garde contre le raisonnement même. On peut, disoit-il, en partant de faits véritables, commettre encore de grandes erreurs. Que de circonstances occultes viennent compliquer les Phénomènes, et changer leur direction! Comment oser perdre un seul instant l'expérience de vue, lorsque la vitalité, ce principe merveilleux et divin, qui a le pouvoir de contenir dans un équilibre qui lui est propre, les élémens de la matière, et de changer leurs lois d'attraction, nous est parfaitement inconnue ! C'est ici que vient échouer l'orgueil insensé de l'homme. Nous pouvons observer quelques-unes des propriétés admirables que la vie communique aux corps ; mais qui peut se flatter de parvenir jamais à connoître son essence, et à plus forte raison d'y être parvenu ? Avouons plutôt, ajoutoit-il, qu'il existe des bornes que l'intelligence humaine ne peut franchir, et qu'il faudroit que l'auteur de l'univers nous eût fait plus sages, pour nous initier dans ses secrets.

M. Chibourg ne négligeoit rien de ce qui pouvoit l'éclairer dans l'exercice de son état. Auprès d'un malade, il écoutoit tout le monde ; il pensoit que ceux qui remarquent sans science ni prévention, font quelquefois naître d'heureuses idées. Il avoit soin d'interroger les personnes qui connoissoient les habitudes, les penchans et le caractère du malade. Souvent même il délibéroit avec elles, et ne prenoit de détermination qu'après les avoir consultées. Réserve admirable dans un homme qui sait beaucoup, et qui, précisément parce qu'il sait beaucoup, devient plus circonspect. Il ne met pas son amour-propre à étaler une science imposante, mais bien plutôt à procurer le soulagement qu'on attend de lui.

Si. M. Chibourg employoit la plus grande partie de ses momens à la pratique de son art, il trouvoit encore le temps de se livrer à des études particulières. Il accordoit peu d'instans au sommeil ; il lisoit soigneusement les journaux périodiques des sciences et des arts, et en retiroit des notes précieuses. Il composa plusieurs dissertations ; entre autres il en fit une sur les différences essentielles entre la structure du fœtus et celle de l'adulte, sujet de prix proposé par l'académie de Rouen, vers 1751. La question étoit particulièrement chirurgicale ; cependant, M. Chibourg obtint le premier accessit. Tous les genres de connoissances l'intéressoient , et il aimoit à entendre parler de leurs progrès. Il fut un des premiers souscripteurs de la société d'encouragement. Il étoit zélé partisan des découvertes utiles ; il honoroit ceux qui les avoient faites. En un mot , rien de ce qui avoit rapport aux sciences et au bien-être de la société, ne lui étoit indifférent. Pendant un grand nombre d'années, il nota régulièrement l'état de l'atmosphère , dont il comparoit les variations avec le genre des maladies regnantes, et avec la situation de chacun de ses malades. Non - seulement ses observations devinrent intéressantes sous le rapport de la médecine et de la météorologie , mais encore elles lui procurèrent un jour la satisfaction de faire absoudre un innocent. On déclaroit avoir remarqué les pas d'un homme empreints sur la neige, et ce fait suffisoit pour sa condamnation. Les juges savoient que M. Chibourg se livroit aux observations météorologiques. Il fut consulté , et il prouva que le jour désigné, il n'étoit pas tombé de neige.

Il partageoit entre les sciences, les arts et les belles lettres , ses momens de loisir. Il eut pendant toute sa vie, pour ces dernières, un penchant bien prononcé : son ame étoit avide des émotions qu'elles procurent. Cette sensibilité exquise pour la peinture des pensées et l'harmonie du langage, explique l'empire que la musique avoit sur lui. Il n'entendoit jamais, sans en être ému, les modulations d'un instrument, et il a confirmé lui-même ce qu'il avoit avancé dans sa thèse de licence. A la suite d'une grave maladie, il étoit dans un assoupissement continuel, qui donnoit les plus grandes inquiétudes. Après avoir épuisé plusieurs moyens, on fit entendre, à une distance éloignée, les sons d'un piano ; au bout de quelques momens il sort de sa profonde léthargie, et semble prêter l'oreille. On répéte le même procédé plusieurs jours de suite, et on parvient à lui rendre la santé.

Son goût paroissoit dans toutes ses actions, avec les marques qui lui étoient propres. Il ne falloit que voir et entendre un seul instant M. Chibourg pour qu'on s'aperçût qu'il devoit porter en tout la même délicatesse. Ses plaisirs offroient l'image de son ame. Comment peindre les fêtes qu'il donnoit à sa maison de campagne. (1) Je dis fête, car il n'y fit pas une seule réunion qui n'eût ce caractère.

____

(1) Elle étoit située dans la paroisse d'Allemagne, aux environs de Caen.

Là, il rassembloit ses plus anciens et ses meilleurs amis. Il vouloit bien y admettre aussi des jeunes gens qu'il honoroit de sa bienveillance, et qui sentoient vivement le prix de son invitation. Si un savant passoit alors par Caen, le titre d'homme utile suffisoit pour qu'il fût né prié ; et même le séjour d'un étranger célèbre, étoit un motif pour nouer sur le champ une partie d'Allemagne. Tout dans cette délicieuse habitation, respiroit la délicatesse platonicienne. On y éprouvoit, à la fois, un sentiment de plaisir et de respect; mais ce qui en augmentoit sur-tout le charme, c'étoit la présence de l'aimable vieillard qui en faisoit si noblement les honneurs. La satisfaction brilloit dans ses regards. Qu'on aimoit à l'écouter et à le suivre dans un vaste jardin dont la simplicité et l'élégance sembloient reproduire sous d'autres formes, les agrémens de son esprit. A l'extrémité de l'une des avenues, il avoit consacré un espace à des jeux qui, en délassant l'imagination, procurent au corps un exercice salutaire. C'est dans ce lieu que la jeunesse et des hommes respectables par l'âge et le savoir, offrant un mélange touchant, se disputèrent plus d'une fois le prix. On se mettoit un égal nombre de part et d'autre, et le chef de parti étoit, ou un membre de l'institut, ou un ancien universitaire. Une rose, un rameau de chevre-feuille, distinguoient les rivaux. M. Chibourg, relevant sa tête courbée le teint animé, l'œil vif et le sourire sur les lèvres, présidoit lui - même aux apprêts et donnoit le signal. Alors on s'animoit, chacun se piquoit d'adresse, et une victoire ou une défaite étoit accompagnée d'acclamations où se méloient les bons mots et une plaisanterie toujours aimable. Mais au milieu de la joie pure, le cœur de M. Chibourg se préparoit au plaisir nouveau qui n'étoit connu que de lui et de la personne de confiance qu'il chargeoit de ses intentions généreuses. On ne rioit pas dans le jardin d'Allemagne, sans qu'alentour on ne versât les douces larmes de la reconnoissance.

Hélas ! pourquoi faut - il quitter ce tableau pour tourner nos regards vers une scène de deuil. Les services ni les bienfaits de notre vertueux collègue ne purent l'exempter du tribut que doivent payer tous les hommes.

La santé de M. Chibourg donnoit les plus graves inquiétudes, et sembloit exiger le repos. Néanmoins il consacre aux malades le peu de forces qui lui restent. Pendant le froid le plus rigoureux de l'hiver, on le trouve à la pointe du jour renversé sur la glace, presque sans connoissance, à quelques pas de l'Hôtel-Dieu, où le conduisoit encore l'amour de son devoir et de ses semblables. Cette chûte, dont il s'est ressenti jusqu'à la fin de sa vie, ne peut diminuer son zèle; il continue ses visites. Mais enfin ce respectable vieillard succombe à la fatigue, et il est obligé de s'appuyer sur un bras étranger pour regagner sa maison, où il devoit attendre le terme de sa noble carrière.

Il est réduit à ne plus sortir, mais ses dons ne cessent pas d'aller consoler l'indigence. Les pauvres viennent le consulter, et toujours occupé de leur sort il médite les bienfaits qu'il étendit au - delà du tombeau [1].

Les premiers signes qui firent présager sa perte prochaine, ne tardèrent pas à devenir de plus en plus alarmans; ils furent suivis de symptômes qui bannirent tout espoir. Ses amis, assidus près de

---

[1] Il a fait plusieurs legs aux pauvres de Caen et des paroisses où il étoit propriétaire. Il a ordonné que sa maison de Caen fût vendue après son décès, et que les deniers qui en proviendroient, fussent employés à une fondation de charité pour les pauvres malades.

lui, s'efforcèrent cependant d'écarter de sa pensée l'image d'un danger que malheureusement
ils ne pouvoient plus se dissimuler. Il voyoit son
état, mais il écoutoit les consolations : il sentoit
qu'elles étoient plutôt dictées par l'amitié que
par l'espérance ; mais, loin d'affliger par de tris-
tes réponses, il feignoit d'espérer lui-même : il
craignoit de blesser le sentiment qui vouloit le
rassurer. Il aimoit à se voir entouré de ses con-
frères et de ses amis. Il les remercioit avec l'ac-
cent de la plus touchante reconnoissance, et afin
de leur rendre moins pénibles les momens qu'ils
passoient près de lui, il s'efforçoit de les distraire
du tableau douloureux de son état, en mettant
la conversation sur le ton de la gaîté. Ce respectable octogénaire étoit toujours l'homme aimable.
Nos poëtes anciens et modernes, nos historiens,
nos moralistes lui fournissoient encore d'heureuses citations : ses forces physiques s'anéantis-
soient de plus en plus et son esprit ne perdoit
point de sa fraîcheur. Ses yeux conservoient leur
expression, et il étoit toujours fécond en pensées
fines et délicates. On eût dit qu'il prenoit soin
de fleurir les bords de sa tombe.

Dans ses derniers momens, plus occupé d'une

fin dont il sent les approches, il s'arrête souvent sur des réflexions qui n'effrayent que le méchant et qui consolent le juste. Il puise dans la religion le baume que seule elle possède, et se détache insensiblement de la terre. Cependant près d'expirer il fait encore de tendres vœux pour ceux qu'il aime. Enfin il fixe pour toujours ses regards vers la Divinité, et va se reposer dans son sein.

Nota. M. Chibourg est mort le 29 Mai 1806, dans sa quatre-vingt-unième année.

www.ingramcontent.com/pod-product-compliance
Ingram Content Group UK Ltd.
Pitfield, Milton Keynes, MK11 3LW, UK
UKHW031729170726
13836UKWH00002B/538